# BEI GRIN MACHT SICH IHR WISSEN BEZAHLT

AF173507

- Wir veröffentlichen Ihre Hausarbeit, Bachelor- und Masterarbeit

- Ihr eigenes eBook und Buch - weltweit in allen wichtigen Shops

- Verdienen Sie an jedem Verkauf

## Jetzt bei www.GRIN.com hochladen und kostenlos publizieren

Florian Kreier

# Maschinengesang: Der Zusammenhang zwischen Menschen, Maschinen und der Entstehung von Krautrock an ausgewählten Beispielen

## Experimentelle Entwicklung des Krautrock am Beispiel von Popol Vuh, Can, Faust, Berliner Kosmikelektroniker und Kraftwerk

GRIN Verlag

**Bibliografische Information der Deutschen Nationalbibliothek:**

Die Deutsche Bibliothek verzeichnet diese Publikation in der Deutschen National-
bibliografie; detaillierte bibliografische Daten sind im Internet über http://dnb.d-
nb.de/ abrufbar.

**Impressum:**

Copyright © 2010 GRIN Verlag, Open Publishing GmbH
Druck und Bindung: Books on Demand GmbH, Norderstedt Germany
ISBN: 978-3-640-91811-9

**Dieses Buch bei GRIN:**

http://www.grin.com/de/e-book/172075/maschinengesang-der-zusammenhang-
zwischen-menschen-maschinen-und-der

**GRIN - Your knowledge has value**

Der GRIN Verlag publiziert seit 1998 wissenschaftliche Arbeiten von Studenten, Hochschullehrern und anderen Akademikern als eBook und gedrucktes Buch. Die Verlagswebsite www.grin.com ist die ideale Plattform zur Veröffentlichung von Hausarbeiten, Abschlussarbeiten, wissenschaftlichen Aufsätzen, Dissertationen und Fachbüchern.

**Besuchen Sie uns im Internet:**

http://www.grin.com/

http://www.facebook.com/grincom

http://www.twitter.com/grin_com

# Maschinengesang –

# Der Zusammenhang zwischen Menschen, Maschinen

# und der Entstehung von Krautrock

# an ausgewählten Beispielen

Ludwig-Maximilians-Universität München

Institut für Deutsche Philologie

Sommersemester 2009

Hauptseminar: „Mensch und Maschine"

Florian Kreier

# Inhaltsverzeichnis

# 1. Einleitung

Spätestens als Kraftwerk mit ihrer Hitsingle „Autobahn" 1974 die internationale Popbühne betraten, konnten auch Laien erahnen, wie groß der Einfluss von Maschinen, beziehungsweise wie wichtig das Zusammenspiel von Menschen und Maschinen, in der Popmusik [1] geworden war. Doch die größten audiotechnischen Entwicklungen und Experimente lagen zu diesem Zeitpunkt bereits in der Vergangenheit: die Erfindung und Markteinführung von Mischpulten, Synthesizern, Sequenzern und Effektgeräten waren längst von statten gegangen. Die ständig wachsenden technischen Möglichkeiten durch immer neue musikalische Gerätschaften oder „Musikmaschinen", eröffneten für Musiker und Bands damaliger Zeit neue Betätigungsfelder: die Erforschung und Ausreizung dieser neuen Möglichkeiten. Parallel zu Musikbereichen wie Klassischer Musik, Jazz oder Schlager- und herkömmlicher Popmusik, sowie universitären Phänomenen wie der „Musique concrete", entstand in diesen Jahren eine neue Musikkultur in der Bundesrepublik Deutschland. Eine Vielzahl von Musikern und musikalischen Projekten konzentrierten sich auf Experimente mit Audio-Equipment und schufen damit ein Phänomen, das schnell internationale Aufmerksamkeit erlangte und durch den Begriff „Krautrock" bezeichnet in die Popmusik- und Kulturgeschichte einging.

In der vorliegenden Arbeit wird anhand der archetypischsten Vertreter des Genres gezeigt, in wieweit der spezielle und kreative Umgang mit oder in Anlehnung an Maschinen für die Musik, das Selbstverständnis sowie das Image der Bands entscheidend waren. Dabei werden praktische, zeitgeschichtliche und theoretische Aspekte berücksichtigt. Zuvor erhält der Leser eine kurze Einführung in das Phänomen des „Krautrock" sowie die Entstehung, Beschaffenheit und Funktion der wichtigsten audiotechnischen Gerätschaften. Zudem wird dargelegt, welche Impulse und weitreichende Konsequenzen für die Popmusik des 21.Jahrhunderts ihr Umgang mit Maschinen initiierte.

---

[1] Der Begriff „Popmusik" wird in dieser Arbeit sehr weit gefasst und steht für populäre Musik in Abgrenzung von Klassischer Musik, Jazz und Schlager. Dementsprechend beinhaltet der Begriff sämtliche Formen von Rock-, Folk-, Blues-, elektronischer oder Experimentalmusik mit Ausrichtung auf den nationalen oder internationalen Musikmarkt.

## 2. Krautrock

Die Genrebezeichnungen „Krautrock" ist eine der seltsamsten in der Popmusikgeschichte des 20.Jahrhunderts. Die weite Auslegung des Begriffs bezeichnet experimentelle Popmusik aus Deutschland zwischen 1968 und 1978. Bei genauerer Betrachtung wird national wie international jedoch ein relativ kleiner Kanon von Musikprojekten maßgeblich für das Phänomen verantwortlich gemacht. Kraftwerk, Can, Cluster, Tangerine Dream, Amon Düül II, Faust, oder Neu! finden sich herkömmlicherweise in Zusammenhang mit dem Begriff „Krautrock" aufgelistet. Beim Versuch neben regionalen (alle Projekte wurden in Deutschland gegründet) und zeitgeschichtlichen (alle Projekte waren im Zeitraum zwischen 1966 und 1974 aktiv), noch weitere gemeinsame Parameter zu bestimmen, gehen Expertenmeinungen weit auseinander. Die oben genannten Gruppen haben jedoch zumindest ihre grundsätzlich experimentelle Ausrichtung gemeinsam, wenn auch in unterschiedlicher Ausführung. Die Münchner Amon Düül II beschäftigten sich beispielsweise eher inhaltlich - durch textliche Bezugnahme auf Mythologie und Zeitgeist, sowie durch bewusste Auflösung der Songstrukturen - als technisch mit experimenteller Weiterentwicklung von Popmusik. Tangerine Dream aus Berlin arbeiteten wiederum zwar bevorzugt mit Synthesizern und elektronischem Equipment, verzichten aber weitestgehend auf musikalische Strukturen und befassen sich inhaltlich (soweit aus Songtiteln und Albumbezeichnungen hervorgeht) mit einer Art Flucht in eine moderne Mythologie des Weltraums, ohne jedoch gleichzeitig wirklich inhaltlich Bezug darauf zu nehmen[2]. Die Düsseldorfer Band „Neu!" zählt ebenfalls zu den am häufigsten genannten Krautrockbands und wird trotzdem in der vorliegenden Arbeit nicht ausführlich behandelt werden können. Die Formation um Thomas Dinger, Klaus Dinger und Michael Rother ist in Sachen Instrumentierung, Komposition und Bandverständnis jedoch wesentlich näher an den Genres „Punk" oder „Wave", wenngleich das monotone Schlagzeugspiel von Klaus Dinger oft als typisch „kraut"[34] bezeichnet wird.

Im Anschluss werden die wichtigsten technischen Entwicklungen bezüglich Musikproduktion aufgelistet, um einen Eindruck der Mittel und Möglichkeiten der Komponisten und Experimente zu geben.

---

[2] Koch, Albrecht. Angriff auf's Schlaraffenland. Berlin: 1987. Ullstein Verlag. S.75
[3] Cope, Julian. Krautrock Sampler. London: 1995. Headheritage. S.136
[4] Dedekind, Henning. Krautrock. Höfen: 2008. Koch International GmbH. S.280

## 3.a Das Tonstudio

Das Tonstudio besteht im Normalfall aus Mikrophonen, Aufnahmegeräten und einem Mischpult. Nach der Erfindung und Verbreitung des Mikrophons, waren mehrspurige Aufnahmegeräte (Tonband-Rekorder) und Mischpulte die größte und entscheidendste Errungenschaft für die Bearbeitung von Audiosignalen. Mit mehrspurigen Aufnahmegeräten war es möglich, mehrere Instrumente getrennt voneinander aufzuzeichnen. Frühe Klassik-, Folklore-, Schlager- und Jazzaufnahmen versuchten alle Instrumente gleichzeitig in einer Gesamtsumme aufzunehmen. Die Aufnahme (mit u.U. Spiel- oder Aufnahmefehler) konnte danach jedoch nicht mehr bearbeitet werden und war somit das Endprodukt des Aufnahmevorgangs.

Für die Verwaltung des Studios, also des Ortes der Aufnahme von Audiosignalen jeglicher Art, ist das Mischpult aus drei Gründen essentiell. Das Mischpult separiert erstens die einzelnen Instrumente auf verschiedene Kanalspuren, und ermöglicht somit alle Instrumente akustisch getrennt voneinander aufzunehmen. Etwaige Fehler und Aufnahmestörungen können später unabhängig von anderen Spuren (bzw. Instrumenten oder Audiosignalen) bearbeitet werden. Diese separierte Bearbeitung einzelner Spuren bietet zweitens Spielraum für Experimente, denn natürlich können alle Spuren getrennt voneinander mit Effekten verfälscht, editiert und in Lautstärke und Geschwindigkeit beliebig verändert werden. Drittens verfügen (hochwertige) Mischpulte über integriertes Werkzeug zur Feinbearbeitung der Audiosignale: Kompressoren (um bestimmte Frequenzbereiche des Audiosignals zu verstärken bzw. komprimieren), Equalizer oder EQ (um bestimmte Störfrequenzen oder Signalverzerrungen zu korrigieren), sowie die separate Bearbeitung verschiedener Frequenzbereich (Tiefen, Mitten, Höhen) und die Aufteilung im Klang-Panorama (links und rechts).

In jedem Tonstudio ist demnach das Mischpult der Punkt, an dem alle Soundspuren zusammenlaufen. Über die Bedienung des Mischpults sind Komponisten in der Lage von einem Art Cockpit aus alle bereitstehenden Maschinen (Instrumente, Aufnahme- und Effektgeräte) zu koordinieren. Für Irmin Schmidt, einen Mitbegründer der Gruppe Can, ist „das Tonstudio das wichtigste Musikinstrument im 21.Jahrhundert"[5] - das Mischpult ist die Kommandozentrale davon. Die ersten Mischpulte finden sich in den 30er Jahren in

---

[5] Interview im Jugendformat „On3 – Startrampe" des Bayrischen Fernsehens auf „BR Alpha" vom 28.02.2010

Radiostationen. Erst Mitte der 60er, durch erhöhte Nachfrage aufgrund des anhaltenden Booms der Popmusik, werden beispielsweise von Rupert Neve Mischpulte in Serie[6] und auch für Amateure (bzw. Privatpersonen und –gruppen die nicht zu Radiostationen oder großen Aufnahmestudios gehörten) bezahlbar und technisch bedienbar.

### 3.b Synthesizer

Synthesizer sind elektronische Tasteninstrumente, die zur Tonerzeugung ausschließlich „Oszillatoren, Modulatoren, Verstärker und Filter"[7] nutzen. Im Gegensatz dazu ist bei E-Pianos (wie z.B. Wurlitzer, Fender Rhodes o.ä.) die zugrundeliegende Tonerzeugung mechanischer Art, die dabei entstehende Energie wird in elektrische Signale umgewandelt. Die ersten elektronischen Klangerzeuger entstanden bereits in den 20er Jahren. Der russische Physikprofessor Lev Sergejewitsch Termen erfand zum Beispiel 1919 das Theremin: ein Gerät das durch die Positionierung eines Gegenstands zu einer Antenne Tonhöhe und Lautstärke eines elektrischen Tonsignals verändern konnte. Ab 1950 experimentierten Elektrotechniker der im „RCA-Labor der Radio Company of America"[8] mit synthetischer Klangerzeugung, die dabei konstruierten Maschinen füllten jedoch ganze Räume aus und gingen deshalb nicht in Massenproduktion. Ab 1960 konnten mit Synthesizern in Echtzeit Töne moduliert werden, die Experimente fanden jedoch noch immer in Forschungslabors statt. Den ersten „spielbaren" analogen Synthesizer stellte 1964 Robert Moog her. Der erste Synthesizer für die Massen war der 1969 veröffentlichte Minimoog[9], welcher erstens transportabel und zweitens erschwinglich war, für Musiker wie The Beatles, Tangerine Dream oder Kraftwerk.

Diese Synthesizer hatten für den praktischen Gebrauch einige Tücken: ihre Bedienung setzte ein elektroakustisches Grundverständnis voraus, um die Tonmodulationen in gewünschte akustische Form zu bringen. Außerdem waren die einzelnen kreierten Klänge nicht speicherbar, die Komponisten mussten sich darum die genauen Einstellungen der einzelnen Module merken und live variieren. Zudem kamen erst 1975 polyphone Synthesizer auf den

---

[6] Siehe hierzu: http://rupertneve.com/company/history/
[7] Ackermann, Philipp. Computer und Musik. Wien: 1991. Springer Verlag. S.25
[8] Ebd. S.26
[9] Siehe dazu: http://www.moogmusic.com/history.php

Musikmarkt, welche im Stil eines E-Pianos mehrere Töne gleichzeitig spielen konnten. Davor waren die Synthesizer lediglich monophon, konnten also immer nur jeweils einen Ton oder Klang ausgeben[10]. Die bekanntesten Hersteller von Synthesizern sind Moog, Korg, Roland oder Oberheim.

### 3.c Effektgeräte

Neben der Aufnahmearbeit und der synthetischen Klangerzeugung, bot die Bearbeitung von Klangsignalen viele Möglichkeiten für Experimente. Die ersten Effektmodule zur Bearbeitung von Tonsignalen finden sich bereits ab Beginn der 30er Jahre in Radio-Mischpulten: Kompressoren, Equalizer und Noise-Gates. Diese wurden jedoch kaum für Experimente, sondern eher für die Entzerrung der (meist Radio-) Signale benutzt. Akustische Effekte, wie die Entfernung eines Sprechers vom Mikrofon, Klangaufnahmen in einem großen Raum oder Echos mussten in Realität abgebildet werden.

Die Lautsprechertechnik entwickelte sich nicht parallel zur immer größer werdenden Nachfrage für Live-Konzerte zu Beginn der 60er Jahre: die Bands waren oft zu leise für die Zuhörer. Die Lautsprecherleistungen wurden deshalb bis ans Limit ausgereizt, wodurch ein spezieller Klang entstand: der Overdrive (zu deutsch: Übersteuerung). Der kratzige und unsaubere Klang der (zumeist Gitarren- oder Bass-) Verstärker wurde zum Markenzeichen einer Generation von Musikern (v.a. Tho Who, Jimi Hendrix, Led Zeppelin). Bands und Musiker versuchten sich in Folge durch spezielle Klänge, erzeugt mit zur Verfügung stehenden Gerätschaften, voneinander abzuheben:  die Nachfrage für Maschinen zur Klangmodulation stieg rasch an. Der amerikanische Blues-Gitarrist Lester William Polsfuss, bekannter unter dem Namen „Les Paul", entwickelte zur etwa gleichen Zeit für den Gitarrenhersteller „Gibson" Maschinen, mit deren Hilfe Echo- und Halleffekte nachgeahmt werden konnten. Für viele Aufnahmen (u.a. The Beatles) wurden trotzdem bis Anfang der 70er Hallräume[11] verwendet. Eines der am häufigsten benutzte Hall und Echo-Gerät der 60er ist das „Echolette NG51 Tonbandecho"[12]. Ab 1973 experimentierten viele Bands mit den

---

[10] Ackermann, Philipp. Computer und Musik. Wien: 1991. Springer Verlag. S.27
[11] Für Aufnahmen vom Album „Sergeant Peppers Loneley Hearts Club Band" spielten die Beatles im Tonstudio Gitarren, das Signal wurde in den Keller des Gebäudes geleitet, dort am einen Ende des Raums mit Lautsprechern abge-spielt und am anderen Ende des Raums mit einem Mikrophon wieder aufgezeichnet, so kam der Hall auf die Aufnahme.
[12] Siehe hierzu: http://www.echolette.de/

legendären Produkten des japanischen Herstellers Roland[13]: v.a. Space Echo und Space Delay.

Weitere wichtige Klang-Effekte, die im Lauf der 60er und 70er als Effektgeräte erworben werden konnten waren unter anderem: „WahWah" (Klangfilter der die Frequenz des Signals im Panorama wechseln lässt), „Chorus" (Verdoppelung des Eingangssignals), „Flanger" (Auftrennung des Eingangssignals und zeitlich verzögerte Widergabe), „Phaser" (Filter für Auslöschung und Modulation bestimmter Frequenzbereiche) und viele weitere[14].

### 3.d Sampling

Die Verwendung von Audio-Schnipseln bezeichnet der Begriff Sampling. Mit Hilfe von Bandgeräten konnten bestehende Audiospuren (z.B. Geräusche, Instrumentalspuren, ect.) in die laufenden Aufnahmen eingespielt werden. So ließ man die Bandmaschine als (Abspiel-) Instrument fungieren. Eine weitere Möglichkeit zum Sampling bot das Mellotron, eine Maschine, die zuvor auf Magnetband aufgezeichnete Klänge über eine integrierte Klaviatur abspielen konnte. So war es beispielsweise möglich, Chöre im Studio aufzunehmen und in unterschiedlichen (je nach Belegung der Klaviatur) Ausführungen live oder bei anderen Gelegenheiten abzuspielen. Das Mellotron[15] ermöglichte somit, zeitlich und räumlich unabhängig von den jeweiligen Klangquellen zu arbeiten.

### 4. Mensch und Maschine im Krautrock

Ende der 60er Jahre formierten sich in Westdeutschland zahlreiche Musikprojekte mit überwiegend unterschiedlicher musikalischer und inhaltlicher, aber häufig experimenteller Ausrichtung. In der Folge werden einige der markantesten Vertreter genauer betrachtet. Dabei wird vor allem berücksichtigt auf welche Art und Weise die einzelnen Projekte ihre Arbeits- und Präsentationsweise von Maschinen zur Musikproduktion und -modulation einfließen ließen. Weiter soll herausgearbeitet werden, dass die Projekte in einer

---

[13] Siehe hierzu: http://en.wikipedia.org/wiki/Roland_RE-201
[14] Siehe hierzu: http://www.planetguitar.net/index.php
[15] Siehe hierzu: http://de.wikipedia.org/wiki/Mellotron

Experimentierphase die Maschinen erforschten, die dadurch gewonnenen Erkenntnisse auf ihre eigene Arbeitsweise anwandten und dann im gekonnten Umgang mit Maschinen ihren archetypischen Klang und Aufbau entwickelten, mit dem Ergebnis des Marken- und Qualitätszeichens „Krautrock".

## 4.a Popol Vuh

Die Band „Popol Vuh" um den Komponisten Florian Fricke gründete sich zwischen 1969 und 1970 in München. Popol Vuh hatten eine besondere Stellung in der damaligen Musikszene: sie traten kaum auf, sondern beschäftigten sich hauptsächlich damit, in endlosen Jamsessions Filmmusik zu konzipieren und aufzunehmen, unter anderem für Rainer Werner Fassbinder (z.b. „Berlin Alexanderplatz") und zahlreiche Filme von Werner Herzog (z.b. „Fitzcacraldo", „Aguirre", „Nosferatu"). Fricke verwendete für die Komposition des ersten Albums „Affenstunde" vor allem den Synthesizer „Moog III", ein für damalige Verhältnisse sehr rares Instrument (in Europa gab es während dieser Zeit etwa 4[16] Stück), das er später an den Berliner Klaus Schulze abtrat. Zudem verwendete Fricke das Mellotron[17], vorzüglich um Chöre (oft aus alten Aufnahmen stammend) in die Aufnahmen zu integrieren.

Die Experimente mit Synthesizern brachten Fricke zudem auf die Idee, die technischen Feinheiten des Synthesizers mit Instrumenten vor allem aus dem afrikanischen, asiatischen und indischen Raum nachzuahmen[18]. So entstanden die unvergleichbaren Soundwaben in den Kompositionen Frickes und der typische Sound von Popol Vuh. Zu diesen Ideen setzte Fricke trotzdem noch Synthesizer und das Mellotron ein, er spielte sozusagen mit Maschinen und ahmte gleichzeitig mit herkömmlichen Instrumenten die Synthesizer nach – nicht wenige seiner Zeitgenossen versuchten das exakte Gegenteil. Nach dem Fricke das zweite Album „In den Gärten des Pharaos" im Jahr 1971 veröffentlichte, trennte er sich von seinem Synthesizer und beschloss, sich nur noch mit natürlichen Instrumenten zu beschäftigen, behielt aber trotzdem die akustischen Anleihen der Synthesizertechnik bei.

---

[16] Florian Fricke in „Keyboards" der Ausgabe 02/1993. S.16-28: http://www.popolvuh.nl/archkeyboards93
[17] Dedekind, Henning. Krautrock. Höfen: 2008. Koch International GmbH. S.285
[18] Florian Fricke in „Keyboards" der Ausgabe 02/1993. S.16-28: http://www.popolvuh.nl/archkeyboards93

### 4.b Faust

Die Band „Faust" entstand 1969 in Hamburg als Zusammenschluss der beiden Gruppen „Nukleus" und „Campylognatus Citelli"[19]. Durch einen glücklichen Umstand erhielten die insgesamt sechs Musiker durch die Schallplattenfirma Polydor einen Studio-Wohnkomplex, sogar mit eigenem Studiotechniker. Aus diesem wirtschaftlichen Experiment versprachen sich Polydor „die neuen Beatles". Ergebnis der zweijährigen Experimente mit Aufnahmetechnik und allen erdenklichen Gerätschaften ist jedoch eher das Gegenteil, aber immerhin eine neue Musikrichtung: Industrial Rock. Denn Resultat der Experimentierfreude von Faust waren statt eingängiger Popsongs „kokophonische Klangstrukturen, die zu ihrem Markenzeichen werden"[20].

Die wohl größte Besonderheit an der Musik von Faust war - neben der Verfremdung ihrer Instrumente mit vorzüglich Distortion-Effekten (extreme Form der Übersteuerung des Signals) und diversen Hall- oder Echo-Geräten - die Hinzunahme von Maschinengeräuschen: Betonmischer, Schlagbohrer und Schweißgeräten. Interessanterweise war eine Absicht von Faust dabei, Naturgeräusche wie beispielsweise Gewitter mit ihrem Instrumentarium nachzubauen[21]. Die Bedienung des Aufnahmequipments brauchten die Musiker nicht mal selbst übernehmen, das regelte ihr Toningenieur. „Faust" konnte demnach völlig intuitiv mit allen Maschinen spielen, weshalb womöglich auch die wenigsten Stücke eine Struktur oder ästhetische Grenzen aufweisen. „Faust" beschäftigten sich im Maschinenpark (ihrem eigenen Studio) eher mit Klangerzeugungen und griffen sehr wenig in das Geschehen auf der anderen Seite der Mikrofone ein.

### 4.c Can

„Can" gründeten sich 1968 durch Initiative von Holger Czukay und Irmin Schmidt, beide Komposition-Studenten bei Karl-Heinz Stockhausen. Die Band zeichneten vor allem drei Dinge aus: der Einsatz von Tape-Sampling (sowie weiterer Maschinen wie z.B. physikalische

---

[19] Dedekind, Henning. Krautrock. Höfen: 2008. Koch International GmbH. S.260
[20] Ebd. S.260
[21] Interview auf laut.de mit Hans-Joachim Irmler, dem Kopf der Gruppe „Faust": http://www.laut.de/Faust

Filter, welche zur Verfremdung von Audio-Signalen eingesetzt wurden und der ersten Drum-Computer[22]), die Möglichkeit mit diesen Maschinen in endlosen Jamsessions im eigenen Tonstudio zu arbeiten[23] und dem unvergleichlichen Stil Jaki Liebezeits[24]. Letzterer war in Köln und Umgebung zu der Zeit einer der gefragtesten Free-Jazz-Drummer. Holger Czukay empfahl Liebezeit bei ihrem ersten Treffen: „You must play monotonous"[25], was Liebezeit in der Folge auch für Can machte und sich damit von den Schlagzeugern – die sich eher auf endlose Soli und abwechselnde Rhythmen konzentrierten (z.b. John Bonham von „Led Zeppelin", Mitch Mitchel der „Jimi Hendrix Experience" oder auch die diversen Schlagzeuger von Amon Düül II, Guru Guru und anderer Krautrock-Bands) - der damaligen Zeit absetzte. Dabei spielte Jaki Liebezeit keineswegs ohne Anspruch, die vertrackten Rhythmuspatterns erinnern vielmehr an programmierte Rhythmen die von einer Maschinen abgegeben wurden. Zusätzlich setzte Czukay ab dem dritten Album „Tago Mago" aus dem Jahr 1971 Tonbandgeräte und Kassettenrekorder (z.B. bei „Halleluwah" oder „Spoon") ein, um Alltagsgeräusche oder den Gesang des Sängers Damo Suzuki im Stück „Oh Yeah" rückwärts ablaufen zu lassen.

Can glichen sich auch durch die Art und Weise ihrer Kompositionspraktik und der Organisationsform einer Maschinen an: in Jamsessions waren die einzelnen Musiker gleich-berechtigt (begriffen sich als Maschinenteile) und versuchten durch Verzicht auf Songstrukturen und instrumentellen Minimalismus [26] eine einheitlich wabernde Musikstruktur zu entwerfen, die nahe an monotone Maschinengeräusche kommt. Durch die Möglichkeit die Jamsessions mittels ihres Studios „Inner Space Studios"[27] aufzunehmen, nachzubearbeiten und zu editieren, entwickelten sie ihre eigene Klangästhetik und zählen als eine der großen Bands des Genres Krautrock, auch wenn sie selbst das nicht alle so sehen wollen, sondern eher „Kraftwerk und Can" eine unvergleichliche Besonderheit zuschreiben [28]. Die ersten Erfolge feierten Can übrigens mit Filmvertonungen (u.a. „Deadlock" von Roland Kick oder „Mädchen mit Gewalt" von Roger Fritz).

---

[22] Cope, Julian. Krautrock Sampler. London: 1995. Headheritage. S.105
[23] Czukay in „Kraut und Rüben". WDR/2006: http://www.youtube.com/watch?v=bYXoTYUKLvE
[24] Information hierzu: http://www.spoonrecords.com/history.html
[25] Liebezeit in „Krautrock Documantary". BBC/2009: http://www.youtube.com/watch?v=nm8MjLDbQ2o
[26] Czukay in „Kraut und Rüben". WDR/2006: http://www.youtube.com/watch?v=bYXoTYUKLvE
[27] Siehe hierzu: http://www.spoonrecords.com/history.html
[28] Czukay in „The Can Special". Viva2/1999: http://www.youtube.com/watch?v=1DfQ07waR2o

### 4.d Die Berliner „Kosmik-Eletroniker"

Im Berlin der späten 1960er versammelten sich zahlreiche Musiker im „Zodiak Free Arts Lab", einer Mischung aus Cafe und Open Stage[29] „das zur ersten europäischen Plattform für elektronische Musik"[30] wurde. In dieser Einrichtung experimentierten Musiker der Bands „Tangerine Dream", „Kluster", „Ash-Ra Temple" oder Klaus Schulze in endlosen Jam-Sessions vor allem mit Synthesizern. Maßgeblich verantwortlich für das Interesse und die Möglichkeit von Experimenten mit den zur damaligen Zeit seltenen Maschinen war Thomas Kessler, Avantgardekomponist und Leiter des „Electronic Beat Studio"[31], das 1968 vom Berliner Kulturreferat eingerichtet wurde[32]. Musiker und Komponisten konnten dort mit dem neusten musikalischen Equipment experimentieren, vor allen Dingen Synthesizer, Tonband- und Effektgeräte.

Durch diese neuen Möglichkeiten inspiriert, tauschten beispielsweise die vormalig progressive-rockigen Tangerine Dream ihre klassischen Rock-Instrumente (Gitarre, Bass, Orgel, Schlagzeug) gegen vorrangig Synthesizer ein und konzentrierten sich auf sogenannte „Nachtkonzerte"[33] – nächtelangen Improvisationen im „Zodiac". Das daraus entstehende Album „Electronic Meditation" aus dem Jahr 1970 gilt als einer der Meilensteine in elektronischer Musik. Der kurz zuvor zur Band gestoßene Berliner Künstler Conrad Schnitzler (der bei Joseph Beuss Bildhauerei studierte) ergänzte die improvisierten Kompositionen mit Geräuschen von Alltagsgegenständen und Maschinen (z.B. Schreibmaschinen[34]). Neben Synthesizern und Maschinengeräuschen experimentierten Tangerine Dream auf den Aufnahmen mit verfremdeten Instrumenten (Gitarre, Schlagzeug, Orgel wurden moduliert vor allem mit Hall- und Echogeräten) und Tonbandgeräten, über die beispielsweise Gesang rückwärts abgespielt wurde (z.B. im letzten Song des Albums: „Resurrection). Die Aufnahmen führte die Band in ihrem damaligen Proberaum selbstständig mit einer Revox-Bandmaschine durch[35]. Bei ihrem Album „Phaedra" (1973) verzichteten Tangerine Dream auf andere Maschinen außer Synthesizer und begaben sich so vollständig auf das Gebiet der

---

[29] Schnitzler in „Kraftwerk and the Electronic revolution". Video Music/2008:
http://www.youtube.com/watch?v=ukrEXchViUY
[30] Dedekind, Henning. Krautrock. Höfen: 2008. Koch International GmbH. S.77
[31] Siehe dazu: http://www.kessler-thomas.com/deutsch.html
[32] Dedekind, Henning. Krautrock. Höfen: 2008. Koch International GmbH. S.78
[33] Siehe dazu: http://www.tangerinedream-music.com/index.php
[34] Ebd.
[35] Siehe dazu: http://en.wikipedia.org/wiki/Electronic_Meditation

elektronischen Musik: „when you heard that record, you did not feel, that human beings were playing [...] the instruments where actually playing themselves" [36] . „Die Außergewöhnlichkeit des Albums rief unter anderem die Industrie auf den Plan: nach Erscheinen von „Electronic Meditation" wurde der eigentliche Schlager-Produzent Peter Meisel von der Plattenfirma „Metronome" damit beauftragt, ein Sublabel für experimentelle Musik aus Deutschland zu gründen: Ohr Records[37].

Im Gegensatz dazu arbeiteten viele andere Künstler für Aufnahmen bei einem der gefragtesten Ton- und Studiotechniker der damaligen Zeit: Conny Plank [38] , einem ausgebildeten Aufnahmetechniker, ehemaligen Mitarbeiter Karl-Heinz Stockhausens, Wolfgang Hirschhausens und Marlene Dietrichs[39] und Elektrobastler (Plank modulierte Aufnahmeequipment wie Mischpulte und Tonbandgeräte und nahm mit damit durchgeführten Aufnahme-Experimenten[40] auch künstlerisch an den Alben mit[41]). Die Band „Kluster" um Hans-Joachim Roedelius und Dieter Möbius machte sich durch besondere Klanginstallationen und Spontankompositionen im Zodiac schnell einen Namen, so wurde auch Plank auf die beiden Komponisten aufmerksam. Der vollständige Verzicht[42] auf herkömmliche Instrumente war damals eine kleine Sensation, stattdessen verwendeten Kluster neben Synthesizern beispielsweise Maschinengeräusche (Küchengeräte, Wecker, etc.[43]). Die ersten Alben „Klopfzeichen" (1970) , „Zwei-Osterei" (1971) und „Eruption", sowie die Alben mit der Band „Harmonia" (einem weiteren Projekt von Kluster) gelten heute als Grundlage für die Musikrichtung „Ambient".

Auch der Berliner Elektroniker Klaus Schulze, der als Schlagwerker unter anderem bei „Tangerine Dream" aktiv war, veröffentlichte 1972 mit seinem Debut-Album „Irrlicht" vier Kompositionen, die auf herkömmliche Instrumente verzichtete. Stattdessen verwendete Schulze mittels Effekte und elektronischer Manipulation verfremdete Orgeln und Tonbandgeräte, mit denen er unter anderem Orchesteraufnahmen akustisch manipulierte[44].

---

[36] Prendergast in „Kraftwerk and the Electronic revolution". Video Music/2008:
http://www.youtube.com/watch?v=stxNqqldndE
[37] Cope, Julian. Krautrock Sampler. London: 1995. Headheritage. S.20
[38] Siehe dazu: http://www.discogs.com/artist/Conny+Plank
[39] Bussy, Pascal. Kraftwerk - Mensch, Maschine und Musik. Berlin: 2005. Bosworth Music Group. S.25
[40] Zahlreiche Hörbeispiele hierzu unter: http://allmusic.com/cg/amg.dll?p=amg&sql=11:f9fqxqegldfe~T4
[41] Siehe dazu: http://en.wikipedia.org/wiki/Conny_Plank
[42] Dedekind, Henning. Krautrock. Höfen: 2008. Koch International GmbH. S.254
[43] Ebd. S.254
[44] Siehe dazu: http://www.klaus-schulze.com/bio/ksse1.htm

Auf den folgenden Alben „Cyborg" (1973) und „Black Dance" (1974)[45] arbeitete Schulze immer stärker mit verschiedenen Synthesizermodellen (z.B. den von Florian Fricke erworbenen Moog III). Im Unterschied zu vielen anderen Gruppen setzte Schulze dabei auch stärker auf Percussion – er setzte, wie auch Tangerine Dream, Synthesizer perkussiv ein[46] – durch modulierte Rhythmus-Computer und verfremdete Schlagzeugaufnahmen. Dieser Umstand macht Klaus Schulze vor allem in der öffentlichen Wahrnehmung der 80er und 90er zu einem der Wegbereiter des Techno[47].

### 4.e Kraftwerk

Keine Band hat die Zusammenarbeit von Menschen und Maschinen mehr forciert und thematisiert als Florian Schneider-Esleben und Ralf Hütter, die beiden „Masterminds" von Kraftwerk. Mit der 1968 gegründeten Vorgängerband „Organisation"[48], legten die studierten Musiker Hütter (Klavier) und Schneider-Esleben (Querflöte)[49] im Jahr 1970 das Album „Tone Float" vor, eine Sammlung aus experimentellen Soundcollagen die mit eher herkömmlichen Instrumenten und Geräuschen erzeugt wurden[50]. Die experimentelle Herangehensweise der Gruppe rief im Vorfeld der Aufnahmen Conny Plank auf den Plan, mit dessen Unterstützung die Experimente in Sachen Komposition und Instrumentierung umgesetzt wurden. Das Album wurde durch Hilfe Conny Planks zwar in England auf RCA veröffentlicht, aber von Presse und Käufer nicht wirklich berücksichtigt. Hütter und Schneider-Esleben waren ohnehin mit anderen Dingen beschäftigt, trennten sich kurz nach Abgabe der Aufnahmen 1969 von ihren Bandmitgliedern und benannten sich im Januar 1970 in „Kraftwerk" um[51].

Um ihre Ideen und Experimente voranbringen zu können, „war die Errichtung eigener Aufnahmestudios, die selbst als eine Art kreatives Werkzeug genutzt werden konnten"[52] unumgänglich. Schließlich war es ein Ziel Kraftwerks, zu klingen wie Maschinen[53], das Studio als Mutterschiff der Experimente wurde dabei sowohl Bandmitglied (Maschinen haben ein

[45] Siehe unter Veröffentlichungen: http://www.discogs.com/artist/Klaus+Schulze
[46] Bussy, Pascal. Kraftwerk - Mensch, Maschine und Musik. Berlin: 2005. Bosworth Music Group. S.19
[47] Vgl. mit zahlreichen Reviews auf: http://www.klaus-schulze.com/disco/1961arp.htm
[48] „Kraftwerk and the Electronic revolution". Video Music/2008: http://www.youtube.com/watch?v=ukrEXchViUY
[49] Koch, Albrecht. Angriff auf's Schlaraffenland. Berlin: 1987. Ullstein Verlag. S.74
[50] Bussy, Pascal. Kraftwerk - Mensch, Maschine und Musik. Berlin: 2005. Bosworth Music Group. S.23
[51] Dedekind, Henning. Krautrock. Höfen: 2008. Koch International GmbH. S.277
[52] Bussy, Pascal. Kraftwerk - Mensch, Maschine und Musik. Berlin: 2005. Bosworth Music Group. S.29
[53] Ebd. S.30

Eigenleben, z.B. Gebrauchsweisen oder technische Stärken und Schwächen) und Spielpartner in einem. Der Stand ihrer Experimente wurde im Herbst 1970 wiederum mit Conny Plank vertont, die Erweiterung Kraftwerks um die Drummer Klaus Dinger und Klaus Löhmer brachte die Gruppe klanglich nicht wirklich in Richtung elektronischer, zumindest aber sehr experimenteller Musik. Zumindest die „monoton repitierten rhythmischen Phrasen"[54] erinnerte an eine große dampfende Maschine, die mit Effektgeräten erzeugten Verfremdungen und Geräusche verblüfften Musikpresse und Käufer, das Album „Ruckzuck" wurde ein kleiner Erfolg.

Musikalisch und technisch näherten sich Kraftwerk, nach einem kurzen Intermezzo ohne Ralf Hütter, dafür mit Klaus Dinger und Michael Rother (welche nach ihrem Ausstieg die Gruppe Neu! formten) mit den nächsten Veröffentlichungen „Kraftwerk 2" (1971) und „Ralf und Florian" (1972) ihrem Fernziel an: Maschinen wurden in der Komposition immer stärker eingebunden. Bereits auf „Kraftwerk 2" ist kein konventionelles Schlagzeug mehr zu hören, sondern lediglich mittels Hallgeräten und Echobox[55] verfremdete Klänge von synthetischen Rhythmusmaschinen. Der Song „Klingklang" deutet so bereits an, in welche Richtung sich Kraftwerk in den Folgejahren entwickelt, jedoch „the rest of the album is more experimentation"[56]. Trotzdem war ein experimenteller Charakter in der Herangehensweise, festzustellen durch häufig offene Strukturen, unverkennbar und noch immer maßgeblich für das musikalische Gesamtbild verantwortlich.

Nachdem Kraftwerk schon mit ihrem Namen eine eher technische und unkonventionelle Herangehensweise andeuteten, entfernten sie sich - nicht ganz ohne Ironie dabei – in ihrer Darstellung immer weiter von Musikerkollegen: die Haare wurden kürzer, die Klamotten ab „Ralf und Florian" einheitlich, elegant und oft klassische Herrenanzüge. Zudem ließen sich Kraftwerk gerne neben oder zwischen Maschinen darstellen in für Wissenschaftler typischen Posen. Bei Live-Konzerten und Fernsehauftritten konzentrierten sie sich um eine eher steife und sachliche Haltung, ganz im Gegensatz zu anderen Vertretern ihres Genres[57]. Mit Hilfe des Grafikdesigners Emil Schult wurde dieses Image auch optisch immer weiter ausgearbeitet.

---

[54] Koch, Albrecht. Angriff auf's Schlaraffenland. Berlin: 1987. Ullstein Verlag. S.74
[55] Bussy, Pascal. Kraftwerk - Mensch, Maschine und Musik. Berlin: 2005. Bosworth Music Group. S.39
[56] Stubbs (vom Magazin „Wire") in „Kraftwerk and the Electronic revolution". Video Music/2008: http://www.youtube.com/watch?v=8UDeIZyX8cM&
[57] Bussy, Pascal. Kraftwerk - Mensch, Maschine und Musik. Berlin: 2005. Bosworth Music Group. S.44-52

„Die Kraftwerker verstanden sich als Klangarbeiter und –forscher; ihre Musik entsprang nicht Musikantentum, sondern einem Herstellungsprozess."[58]. Gemäß dieser immer stärkeren „wissenschaftlichen Ausrichtung" sollte sich der experimentelle Charakter auf dem nächsten Album „Autobahn" zu Gunsten fixer und ausgeklügelter, popartiger Arrangements verabschieden, womit unter anderem die Musikrichtung „Synthpop" geboren wurde, denn im Gegensatz zu fast allen anderen elektronischen Musikern (z.B. das Stück „Rauf und Runter" von „Harmonia" auf „Deluxe" von 1976) verwendeten Kraftwerk Gesang. Zwar ist das Hauptstück Autobahn mit einer Länger von über 20 Minuten eher ungewöhnlich lang, jedoch stark strukturiert und ohne für experimentelle Musik typische Klangüberlagerungen. Der technische Reduktionismus (es wurden deutlich weniger Instrumente und Klänge gleichzeitig eingesetzt) und die kompositorische Disziplin (Melodien wurden fast mathematisch durchdekliniert) machten das wissenschaftliche und industrielle Gesamtbild Kraftwerks perfekt. Gleichzeitig arbeiteten die „Klangarbeiter" mit den neusten technischen Gerätschaften wie Drum-Machines und Synthesizern, welche mittels Sequenzern (über eine Art programmierbare Fernsteuerung[59]) bedient wurden. Somit übernahmen vollends Maschinen die musikalische Ausführung der Ideen Kraftwerks und verliehen den Kompositionen die typische maschinell, fehlerlose Art[60]. Auf den Kompositionen finden sich die Experimente mit den Maschinen jedoch nicht mehr, diese wurden ausschließlich in den Klingklang Studios durchgeführt. Dort werden in steter Regelmäßigkeit auch neue Maschinen zum musizieren entwickelt: vor allem Rhythmus-Maschinen und Synthesizer-Modulationen[61].

Die Tatsache, dass Kraftwerk gerade mit dem Song „Autobahn" – einem Symbol des industriellen Aufstiegs Deutschlands – den Durchbruch schafften, passt perfekt ins Bild. Dietrich Diederichsen sieht den Unterschied zu anderen Bands und Veröffentlichungen: „In Autobahn, they really had a subject matter, that combined all the things they were thinking of"[62], vorher hatten Kraftwerk, wie andere Bands auch, lediglich ein „conceptual matter". Statt den eher verspielten Titeln wie „Ruckzuck", „Ananas-Symphonie" oder „Klingklang" sollte die inhaltliche Behandlung von technischen und industriellen Themen zum

---

[58] Koch, Albrecht. Angriff auf's Schlaraffenland. Berlin: 1987. Ullstein Verlag. S.76
[59] Bussy, Pascal. Kraftwerk - Mensch, Maschine und Musik. Berlin: 2005. Bosworth Music Group. S.53
[60] Bussy, Pascal. Kraftwerk - Mensch, Maschine und Musik. Berlin: 2005. Bosworth Music Group. S.54
[61] Siehe: „Kraftwerk – Die Roboter" im ZDF 1978: http://www.youtube.com/watch?v=wHEoMpMvz7A
[62] Diederichsen in „Kraftwerk and the Electronic revolution". Video Music/2008: http://www.youtube.com/watch?v=TwdKNmKhX00

Markenzeichen Kraftwerks werden, genau wie der auf „Autobahn" eingeführte emotionslose und kühle Gesang. Auch auf den nachfolgenden Alben wie beispielsweise „Radioaktivity" (1976) rückt die Behandlung von technischen Errungenschaften ins inhaltliche Zentrum des Albums, wie auch die Titel „Geigerzähler", „Ätherwellen" und „Uran" andeuten. „Trans Europe Express" (1977) widmet sich hauptsächlich Verkehrsmitteln: auf dem Albumcover ist ein Zug abgebildet[63].

Mit dem 1978 veröffentlichten Album „Die Mensch-Maschine" schließen Kraftwerk ihre Annäherung an Maschinen ab: auf den Presse-Fotos sieht man die Musiker bleich geschminkt und in einheitlichen, tristen roboterartigen Uniformen. „Dem Konzept von Menschmaschine entsprechend, sangen sie ohne jeden individuellen Ausdruck und ohne jede Emotion und halfen dem auch noch mit technischer Verfremdung nach."[64] Auf Live-Konzerten und im Fernsehen ließen sie durch geschickte Schnitte den Eindruck entstehen, Puppen würden für sie mit den vorprogrammierten Musikmaschine spielen[65]. Zudem lässt der Refrain „Wir sind die Roboter" ist – wenn auch nicht ohne Ironie – die Grenzen zwischen Menschen und Maschinen (zumindest in Sachen Popmusik) endgültig verwischen.

## 5. Fazit

In der vorliegenden Arbeit sollte gezeigt werden, wie stark die in der Zeit zwischen 1968 und 1978 entwickelte Musik abhängig von Experimenten mit und Annäherungen an Maschinen war. Florian Fricke von Popol Vuh wurde durch den Einsatz und die technischen Möglichkeiten in seinem Kompositionsstil stark beeinflusst. Die Hamburger Faust erschufen durch ihre intuitiven Experimente mit Maschinen die Musikrichtung „Industrial" – sie ließen im wahrsten Sinne Maschinen (z.B. Betonmischer) singen. Die Gruppe Can arbeiteten in ihrem Studio als Maschinenoperatoren, neben dem „maschinenartigen Schlagzeugstil" Jaki Liebzeits gehörten Geräte wie Bandmaschinen zu ihren bevorzugten „Instrumenten". Die Berliner „Kosmikelektroniker" konzentrierten sich schnell und als eine der ersten Musikergruppen weltweit auf rein mit elektronischen Geräten erschaffene Musik und gelten unter anderem als Geburtshelfer der Musikrichtungen „Ambient" und „Techno". Kraftwerk

---

[63] Siehe hierzu: http://www.kraftwerk.com/
[64] Koch, Albrecht. Angriff auf's Schlaraffenland. Berlin: 1987. Ullstein Verlag. S.77
[65] Siehe: „Kraftwerk – Die Roboter" im ZDF 1978: http://www.youtube.com/watch?v=wHEoMpMvz7A

durchliefen eine Phase des Experimentalismus, entwickelten daraus eine eigene rein synthetische Ästhetik: musikalisch, inhaltlich und in ihrem Image. Im Fall von Kraftwerk wurden auch elektrotechnisch mit Maschinen experimentiert. In allen geschilderten Fällen setzten sich die Bands also mit Maschinen auseinander, wurden davon beeinflusst und erschufen daraufhin ihre eigene typische Ästhetik, die unter dem Begriff „Krautrock" zusammengefasst wurde und wird und Weltruhm erlangte.

Bereits während der Entstehung des Krautrocks machten international renommierte Musik-Journalisten wie John Peel („BBC" in UK), Lester Bangs (u.a. „Rolling Stone" in USA) oder Herve Picart („Best" in Frankreich) auf die musikalischen Vorgänge in der BRD aufmerksam. Auch internationale Popmusikgrößen wie David Bowie, Brian Eno oder Johnny Rotten (Sex Pistols) brachten dem Phänomen Krautrock großes Interesse entgegen: David Bowie stattete Kraftwerk, Neu! und Can mehrere Besuche ab. Brian Eno nahm mit dem Duo Cluster zwei Alben auf und arbeitete im Studio vom Produzenten Conny Plank an eigenen Projekten. Johnny Rotten versuchte sich als Sänger der Band Can ins Gespräch zu bringen, leider erfolglos. Vor allem auch in der Musiklandschaft um die Jahrtausendwende wimmelt es von Bezugnahmen und Respektbekundungen für „Krautrock" von u.a. Thom Yorke (Radiohead), DJ Shadow, John Frusciante (Red Hot Chili Peppers) oder 50Cent, der kürzlich eine Coverversion des Songs „Sing Swan Song" von Can veröffentlichte. Herbert Grönemeyers Label „Grönland Records" legt zudem seit Beginn 2001 viele Klassiker des Krautrock, v.a. von Neu!, Cluster und Harmonie neu auf.

# 6. Quellenverzeichnis

**Sekundärliteratur:**

*Ackermann, Philipp.* Computer und Musik. Wien: 1991. Springer Verlag.

*Bickel, Peter.* Musik aus der Maschine. Berlin: 1992. Ed. Sigma Bohn.

*Bussy, Pascal.* Kraftwerk - Mensch, Maschine und Musik. Berlin: 2005. Bosworth Music Group.

*Cope, Julian.* Krautrock Sampler. London: 1995. Headheritage

*Dedekind,* Henning. Krautrock. Höfen: 2008. Koch International GmbH.

*Harenberg, Michael.* Neue Musik durch neue Technik? Kassel: 1989. Bärenreiter-Verlag Karl Vötterle GmbH & Co. KG.

*Koch, Albrecht.* Angriff auf's Schlaraffenland. Berlin: 1987. Ullstein Verlag.

*Kupper, Hubert.* Computer und Musik. Mannheim: 1994. BI Wissenschaftsverlag.

*Penfold, Robert Arthur.* Computer & Musik. London: 1985. Babni Ltd.


**Filmbeiträge:**

*„Kraut und Rüben".* WDR/2006.
Teil 1:     http://www.youtube.com/watch?v=evs_8r2D4eM
Teil 2:     http://www.youtube.com/watch?v=bYXoTYUKLvE

*„Krautrock Documentary".* BBC/2009.
Teil 1:     http://www.youtube.com/watch?v=3B89-69icyc
Teil 2:     http://www.youtube.com/watch?v=4WuKiRGFHao
Teil 3:     http://www.youtube.com/watch?v=CWjYqMxhEfU
Teil 4:     http://www.youtube.com/watch?v=ZEeuy8R3bNg
Teil 5:     http://www.youtube.com/watch?v=wb6nniiSKCo
Teil 6:     http://www.youtube.com/watch?v=OmRR-KodSoM

*„The Can Special".* Viva2/1999.
Teil 1:     http://www.youtube.com/watch?v=1DfQ07waR2o
Teil 2:     http://www.youtube.com/watch?v=6QcM2F3c9eY
Teil 3:     http://www.youtube.com/watch?v=OChoPcKWYes

*„Kraftwerk and the Electronic revolution".* Video Music/2008.

| Teil 1: | http://www.youtube.com/watch?v=Vqlx_8MtoSk |
|---|---|
| Teil 2: | http://www.youtube.com/watch?v=ukrEXchViUY |
| Teil 3: | http://www.youtube.com/watch?v=stxNqqldndE |
| Teil 4: | http://www.youtube.com/watch?v=RjaJO438OBE |
| Teil 5: | http://www.youtube.com/watch?v=XS9FcJIqJIM |
| Teil 6: | http://www.youtube.com/watch?v=Y4gU8-Mam-o |
| Teil 7: | http://www.youtube.com/watch?v=8UDeIZyX8cM |
| Teil 8: | http://www.youtube.com/watch?v=ajKSV9BRDt0 |
| Teil 9: | http://www.youtube.com/watch?v=N527N-bICV8 |
| Teil 10: | http://www.youtube.com/watch?v=TwdKNmKhX00 |
| Teil 11: | http://www.youtube.com/watch?v=vezoWuXeW5o |
| Teil 12: | http://www.youtube.com/watch?v=aM7vkm9LhdY |
| Teil 15*: | http://www.youtube.com/watch?v=ftoHEK5YP9w |
| Teil 16: | http://www.youtube.com/watch?v=fX4gT_BEM18 |
| Teil 17: | http://www.youtube.com/watch?v=3G3b_OqDdlo |
| Teil 18: | http://www.youtube.com/watch?v=bvHEpn2RxW |

*Die Teile 13,14 stehen leider auf Youtube.com nicht zur Verfügung

**Websites:**

| Roland RE-201 (Space-Echo): | http://en.wikipedia.org/wiki/Roland_RE-201 |
|---|---|
| Mellotron: | http://de.wikipedia.org/wiki/Mellotron |
| Rupert Neve: | http://rupertneve.com/company/history/ |
| Moog Music: | http://www.moogmusic.com/history.php |
| Echolette: | http://www.echolette.de/ |
| Popol Vuh: | http://www.popolvuh.nl/ |
| Faust: | http://faust-pages.com/ |
| Can: | http://www.spoonrecords.com/history.html |
| Tangerine Dream: | http://www.tangerinedream.org/ |
| H.-J. Roedelius (Kluster) | http://www.roedelius.com/ |
| Dieter Möbius (Kluster): | http://www.dietermoebius.de/ |
| Klaus Schulze: | http://www.klaus-schulze.com/ |
| Kraftwerk: | http://www.kraftwerk.com/ |

**Weitere Websites:**

| Discogs: | http://www.discogs.com/ |
|---|---|
| Laut.de: | http://www.laut.de |
| Planet Guitar: | http://www.planetguitar.net/index.php |